LA MENACE DES GROUPES DJIHADISTES EN ASIE CENTRALE

©

1

SOMMAIRE

A. ISIS et l'Asie Centrale

es attentats de Saint Pétersbourg et de Stockholm les 3 et 7 avril 2017 respectivement sont venus rappeler que la mouvance islamiste radicale n'épargne pas les ressortissants des pays d'Asie Centrale. Les auteurs de ces attentats, Akbarjon Djalilov, un kirghiz, et Rakhmat Akilov, un ouzbek, tous les deux ouvriers dans leurs pays d'accueil, et ayant voulu rejoindre la Syrie, se sont tous deux radicalisés au contact de recruteurs soit tchétchènes soit de la diaspora d'Asie centrale[1].

L'établissement, ou l'expansion, de l' « Etat Khorasan »[2] est devenu une motivation pour les djihadistes d'Asie Centrale, à tel point qu'ISIS cherche à développer des alliances avec des groupes comme le Tehreek-I-Taliban[3] afin d'unifier à terme les groupes terroristes sous la bannière d'ISIS.

Pour les Etats d'Asie Centrale, il s'agit avant tout de contrôler tout retour de Syrie ou d'Irak des djihadistes nationaux au pays et de limiter la contagion islamiste radicale sur leurs sols respectifs. Malgré la faiblesse de moyens des gouvernements et en dépit du contexte économique, la pénétration d'ISIS demeure tout de même complexe, pour des raisons essentiellement sociales et culturelles. Les travailleurs immigrés de ces pays en Russie, en Turquie et en Union Européenne, deviennent donc une cible privilégiée car plus accessible à la propagande islamiste.

Une étude par pays conclura ce rapide exposé de la situation.

---

[1] Dans le cadre de l'enquête sur l'attentat en Russie, 8 personnes ont été arrêtées, portant des prénoms et noms venant d'Asie Centrale.

[2] Le mollah Fazlullah des territoires pakistanais (SWAT) se considère comme le fondateur du mouvement Khorasan.

[3] Six chefs du Tehreek-I-Taliban (TTP) ont juré allégeance à Daech. ISIS in Central Asia, P Stobdan, 22 oct 14, Institute for Defence studies and analyses,

1. Faiblesse des pouvoirs étatiques

Les gouvernements des états d'Asie Centrale sont souvent qualifiés d'autoritaires, voire d'autocratiques : le discours politique de l'ancien chef d'état ouzbek M. Karimov ou la manière de gérer les affaires de l'Etat au Tadjikistan en sont des exemples. En parallèle, le système politique reste fermé (taux de 90 à 99% pour la personne du chef de l'Etat aux élections présidentielles au Kazakhstan depuis une dizaine d'années).

Le népotisme et la corruption sont souvent dénoncés sur place et par les organisations non gouvernementales. En Ouzbékistan, une réforme de la police a été lancée afin de la rendre moins perméable à la corruption et aux abus de pouvoir[4] : c'est au cours de la journée de la Constitution que le nouveau président ouzbek M. Mirziyoyev a indiqué soutenir la demande de la population à plus de transparence au sein du ministère de l'intérieur et à la création d'un mécanisme de plainte en cas d'abus.

La marginalisation politique de certains groupes ethniques (comme les chiites au Tadjikistan) entraine également des tensions au sein de la population. Les incidents de la vallée de Ferghana en sont un exemple. L'attitude de l'Etat ne favorise pas un apaisement de la situation en général, ce qui peut expliquer en partie que la population se tourne de plus en plus vers une vision religieuse extrémiste : en 2010, on pouvait compter 1% d'islamistes engagés, et 10% qui observaient la situation ; en 2016, ils sont 2% d'extrémistes et au moins 15% de fidèles attentifs parmi des croyants[5].

La situation économique des pays d'Asie Centrale est mauvaise dans son ensemble et la baisse des matières premières ces dernières années ont grevé les budgets nationaux. La moyenne de la population des pays d'Asie Centrale vivant sous le seuil de 1,25 $ par jour est de près de 10% (seul le Kazakhstan présente un taux inférieur aux pays du Moyen-Orient)[6]. Révélateur de la stagnation économique, l'émigration est forte : 4 millions de personnes

---

[4] Eurasianet.org, « Police Reform is on the way », 8 décembre 2016.
[5] Interview de René Cagnat, L'humanité, 11 aout 2016.
[6] Policy Papers, ISIS and its Presumed Expansion into Central Asia, No 19, Juin 2015, Polish institute of international affairs.

originaires de la région travaillent à l'étranger, principalement en Fédération de Russie[7].

La situation économique comme les tensions ethniques ainsi que l'inéquation étatique à gérer ces problèmes favorisent le développement d'attitudes religieuses radicales dans la région : au Kirghizistan, l'un des pays les moins islamiques, avant 1991, il n'y avait que 39 mosquées officielles (et 1 000 clandestines), elles sont aujourd'hui plus de 2 000[8]. En mars 2016, le Bulan institute for Peace innovations a publié un rapport qui indique que les madrasas kirghizes opèrent souvent sans avoir obtenu l'autorisation administrative[9]. La menace de radicalisation est, de plus, souvent utilisée par le pouvoir étatique pour accroitre la répression et limiter les libertés civiques (contre la minorité ouzbèke au Kirghizistan par exemple).

Face à une menace sur son flanc sud, la Fédération de Russie apporte une aide militaire intéressée à ces pays. Lors du sommet de la Communauté des Etats indépendants (CEI) à Astana au Kazakhstan cette année, le président Poutine a proposé aux différents membres de la CEI de former des unités conjointes de garde-frontières afin de régler les éventuelles situations de crise[10].

Il n'en reste pas moins vrai qu'ISIS ne s'est toujours pas implanté de manière décisive dans la région pour de multiples raisons que nous allons étudier.

---

[7] ISIS in Central Asia, P Stobdan, 22 oct 14, Institute for Defence studies and analyses,
[8] Interview de René Cagnat, L'humanité, 11 aout 2016.
[9] Quatre madrasas ont été fermées au début d'avril 2017 au Kirghizistan pour faute d'autorisation administrative.
[10] 26 soldats turkmènes ont perdu la vie lors d'accrochages cette année à la frontière avec l'Afghanistan.

2. Résistance et influence

L'Asie centrale est loin d'être la première région pourvoyeuse de djihadistes au bénéfice d'ISIS, même si le président russe M. Poutine parle de 5 000 à 7 000 combattants originaires de l'ex-URSS (incluant donc le caucase) étant partis pour le djihad aussi bien au Moyen-Orient qu'en Afghanistan[11]. La présence de ces djihadistes dans les provinces afghanes à la frontière du Turkménistan comme du Tadjikistan était perçue jusqu'à présent comme une menace prioritaire contrairement à ceux partis vers le Moyen-Orient : en effet, l'ex-mouvement islamique d'Ouzbékistan, fort de 1 000 combattants aguerris, délocalisé en Afghanistan avait déclaré son soutien dès 2014 à ISIS et conduisait des opérations dans les pays limitrophes d'Asie Centrale[12]. Mais l'attentat récent à Saint Petersbourg comme les récents meurtres et attaques qui l'ont précédé, pourraient changer la donne[13].

Concernant les départs vers le Moyen-Orient, la brigade Shishani Jamaat, commandée par un tchétchène, est largement connue pour accueillir les volontaires originaires d'ex-URSS. On trouve également d'autres groupes comme le Jamaat Adama, le Jamaat Akhmada, l'Abu Kamil Dagistanis et le Central Asia jehadis[14].

---

[11] A noter que nombre de combattants partis en Afghanistan s'enrôlent sous la bannière du Mouvement islamique du Turkestan.

[12] Policy Papers, ISIS and its Presumed Expansion into Central Asia, No 19, Juin 2015, Polish institute of international affairs.

[13] Le 24 février 2017, l'ISIS a revendiqué une attaque contre une base militaire russe dans la république de Tchétchénie ; le 1 avril 2017, l'ISIS a revendiqué le meurtre de deux policiers dans le sud de la Russie.

[14] ISIS in Central Asia, P Stobdan, 22 oct 14, Institute for Defence studies and analyses.

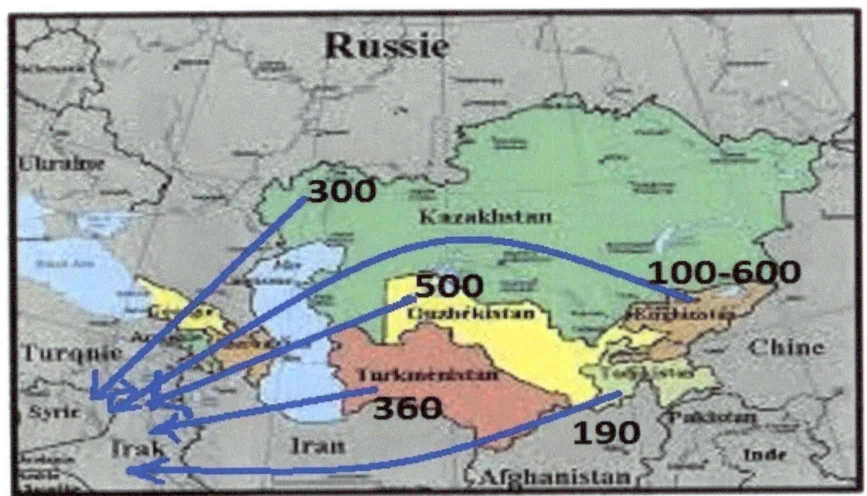

Carte des pays d'Asie Centrale

Malgré le retrait de l'ISAF d'Afghanistan, les hésitations de la nouvelle administration américaine en matière de politique étrangère et les ambitions russes et chinoises en termes de zone d'influence, la région demeure une zone d'importance, ne serait-ce que par les richesses en matières premières.

L'aide occidentale se concentre sur un partage des renseignements, source vitale pour la gestion des menaces terroristes[15]. De plus, les Etats-Unis, de par le National Defense Authorization Act, section 1004, soutiennent les forces de sécurité étrangères impliquées dans la lutte contre le narcotrafic et le crime organisé transnational : ce sont les forces spéciales qui sont en charge de la formation. En 2016, les Etats-Unis avaient prévu de former 1 157 soldats des forces de sécurité de pays étrangers[16]. Durant les deux dernières années, les forces de sécurité tadjikes ont été les bénéficiaires de la plupart des formations militaires proposées. Cependant, les dépenses des programmes d'aide militaire envers les pays d'Asie Centrale de la part des Etats-Unis ont baissé de 294 M$ en 2012 à 115 M$ en 2015. La continuité du régime démocratique au Kirghizistan, malgré un rapprochement avec la Russie, et la situation politique en Ouzbékistan suite à la mort du président Karimov, peuvent faire espérer au

---

[15] Le 14 avril 2017, Abdoulaziz Kamilov, le ministre ouzbek des Affaires étrangères, lors d'un point presse tenu ce vendredi à Tachkent, a déclaré que les services ouzbeks avaient prévenu la Suède de la radicalisation de l'auteur de l'attentat de Stockholm.

[16] Eurasianet.org, US boosts special Forces training in Central Asia, avril 2016.

CENTCOM (United States Central Command des opportunités nouvelles de coopération[17].

La Fédération de Russie, elle, s'engage notamment à travers l'OTSC (Organisation du traité de sécurité collective) pour garantir notamment la sécurité des frontières (comme vu précédemment) par le biais de forces militaires conjointes et le partage des renseignements. Par ailleurs, au-delà de la menace terroriste sur le sol même de la Fédération de Russie, il est probable que les immigrés radicalisés originaires d'Asie Centrale opteront à moyen terme pour des actes de djihads dans leurs propres pays plutôt qu'au Moyen-Orient, ce que la Russie, avec l'aide des pays d'Asie Centrale, cherche à empêcher. A court terme, l'Asie Centrale ne semble pas une priorité pour ISIS : l'allégeance de l'ex-IMU a été en partie ignorée en 2014 et depuis, il n'y a pas eu de véritable volonté d'établir un « Etat Khorasan » réel dans la région. Dans la stratégie de communication, la région est souvent absente, sauf quelques mentions comme le film de soldats enfants kazakhs en train de s'entrainer[18] ou la vidéo d'un ancien commandant des forces spéciales tadjiks ayant rejoint les rangs de l'organisation[19] et c'est assez compréhensible puisque la communication d'ISIS vise avant tout à séduire les populations du Moyen-Orient et d'Europe avec des thèmes très méditerranéens (colonisation, guerre Occident-Orient, pillage des matières premières et problème israélien).

Suite aux attentats récents en Fédération de Russie et en Suède, l'immigration originaire d'Asie Centrale, déjà source de tensions identitaires, va devenir un sujet d'attention particulier. Les 4 et 5 avril 2017, pour un de ses premiers déplacements à l'étranger, le président ouzbek M. Mirziyoyev s'est rendu à Moscou pour discuter de l'émigration économique[20]. Alors que le précédent président ouzbek en 2013 avait qualifié les émigrés économiques de « fainéants » et de « honte pour le peuple ouzbek », l'actuelle présidence veut s'engager dans une clarification du processus de l'émigration économique, notamment concernant les emplois de courte durée en Russie. A noter que selon la banque centrale russe, les transferts d'argent de Russie en Ouzbékistan

---

[17] Eurasianet.org, US boosts special Forces training in Central Asia, avril 2016.
[18] www.dailynews724.com/race-towards-good-isis-chilling-video-of-kids-using-guns-webtv,37578.html
[19] « Glava OMON Tadzhikistana prisyagnul na vernost Islaskomu gosudarstvu", Moskovskiy Komsomolets, 28 mai 2015
[20] Uzbek public relations' presidency.

ont atteint un record de 2,74 milliards en 2016[21]. 44% des permis de travail délivrés en Russie durant l'année 2016 l'ont été en faveur d'émigrés ouzbeks. Depuis l'indépendance en 1991, la quasi-totalité des pays d'Asie Centrale ont connu une émigration continue à destination de la Fédération de Russie et dans une moindre mesure à destination de la Turquie[22]. Cependant, il est important de noter - ainsi que vu précédemment concernant le nombre de djihadistes originaires de la région - qu'en immense majorité, les émigrés économiques luttent pour l'obtention d'un emploi de courte durée[23] et envoient une grande partie de leurs salaires à leurs familles restées au pays, et ne sont que peu réceptifs au départ pour le djihad dans les territoires contrôlés par ISIS.

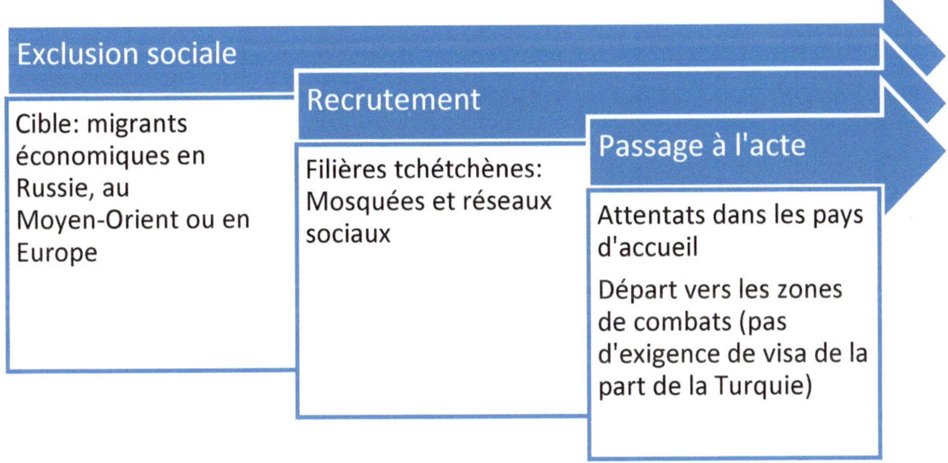

Le niveau de vie des populations d'Asie Centrale demeure très bas et l'investissement dans les domaines de la santé et de l'éducation restent faibles (le Tadjikistan se place en 133ème position dans le monde pour l'éducation alors que le Kazakhstan qui est le meilleur élève de la région se place à la 70ème position). Les populations émigrent de par la difficulté de survivre dans ces conditions mais ne se radicalisent pas. Ainsi, il n'y aurait pas de lien

---

[21] Central Bank of Russia, report on foreign money transfers, mars 2017.
[22] Policy Papers, ISIS and its Presumed Expansion into Central Asia, No 19, Juin 2015, Polish institute of international affairs.
[23] Sakharovo, près de Moscou, est un centre important de traitement des permis de travail, notamment pour les migrants ouzbeks.

fondamental entre pauvreté (et pour aller plus loin, autoritarisme des Etats) et forte mobilisation de la population en faveur de groupes terroristes ou recrutement plus affermi en faveur d'ISIS. De plus, l'utilisation d'internet reste à des niveaux bas et la propagande d'ISIS utilisant fortement les réseaux sociaux se confronte à cet obstacle dans la région.

Enfin, la religion de la population des pays d'Asie Centrale est en majorité l'islam sunnite (82,4 % de sunnites, 5% de chiites). La région a subi une forte influence des confréries soufies : le mausolée du fondateur de l'ordre de Naqshbandi (mouvement soufi) se trouve près de Boukhara (Ouzbékistan) où il est né au XIVe siècle[24]. Cependant, les populations de cette région sont loin d'être réceptives à la propagande d'ISIS pour deux raisons principales : la rhétorique d'ISIS contre les chiites n'a que peu de prises puisque les chiites ne sont que peu présents dans la région (sauf au sud du Tadjikistan) et conceptuellement, les schémas de pensées des populations sont éloignées des problèmes du Moyen-Orient ou même d'une idéologie panislamique.

3. Axes de développement et solutions

La sécurité de la région concerne tous les acteurs régionaux qui dans le cadre de multiples organisations pourraient apporter leur soutien dans tel ou tel domaine.

Afin de réduire la menace terroriste – mais criminelle également –, les Etats-Unis et l'Union Européenne ont lancé des programmes d'aide économiques et de soutien au développement, mais qui nécessitent d'être renforcés.

L'Inde également souhaite s'investir après avoir profité de quelques opportunités de coopération économique en Afghanistan. Pour l'Inde, les djihadistes de langue russe ou turque ne sont pas une menace directe pour elle, mais le problème pourrait s'avérer sérieux si des connections se font avec les groupes terroristes de la région du cachemire.

---

[24] Interview de René Cagnat, L'humanité, 11 aout 2016.

L'Iran comme la Russie pourraient apporter leur financement et leur soutien au développement d'une éducation religieuse de qualité en Asie Centrale. En effet, l'enseignement dispensé aux élèves des madrasas s'avère généralement peu adapté au marché du travail.

La Chine, elle, se lance dans d'immenses chantiers afin d'acheter la paix sociale avec le plein emploi, notamment dirigés vers les jeunes[25]. Dans le cadre de la Nouvelle Route de la Soie, des opportunités s'offrent à la Chine pour développer de manière exponentielle les investissements économiques, notamment dans le domaine des infrastructures, et réduire la menace extrémiste qui pourrait forger des alliances avec la résistance ouïgoure. Des tensions subsistent car la Chine s'appuie sur une main d'œuvre non qualifiée d'origine chinoise, mal vécu par les populations locales[26].

L'ISIS n'a pas de structure organisée en Asie Centrale ou dans la région (de nombreux groupes ne sont pas unis : Talibans, ex-IMU,etc…). Il est possible qu'il s'organise dans le futur, c'est pour cela qu'il est utile de lutter contre la mauvaise gouvernance, de soutenir les réformes (comme celle concernant la police en Ouzbékistan en 2017). L'administration rurale doit être structurée et réformée avec l'aide de programmes conjoints tout en s'appuyant sur les liens claniques pour lutter contre l'émergence potentielle ou réelle. Cela permettrait d'augmenter le niveau de vie de la population locale[27].

En conclusion, le terrorisme central asiatique lié à ISIS tend à se disperser au gré des diasporas fragilisées par un contexte socio-économique défavorable dans leurs pays d'accueil, mais ne parvient pas à s'implanter durablement dans leur région d'origine. Demeure l'interrogation de la coagulation des différents groupes terroristes locaux avec l'ISIS qui pourrait apparaitre comme une menace sérieuse pour la cohésion des Etats d'Asie centrale.

---

[25] Le taux de chômage est relativement bas : au Tadjikistan, 2,50% et au Kirghizistan, 8,60 %

[26] En 2010, plusieurs clans kirghizes de la région d'At Bachi sont partis en guerre à cheval contre l'installation d'une entreprise chinoise qui mettait en valeur une vieille mine d'or que les Kirghizes exploitaient artisanalement depuis longtemps.

[27] Projects in Tadjikistan, Solidarity Fund, www.solidarityfund.pl/en/opisy-projektow-2013/wg-krajow-2/tadjikistan

4. Etude de cas par pays

➢ Comparaison des départs vers les territoires ISIS par pays et comparaison avec des pays d'Europe ou du Moyen-Orient

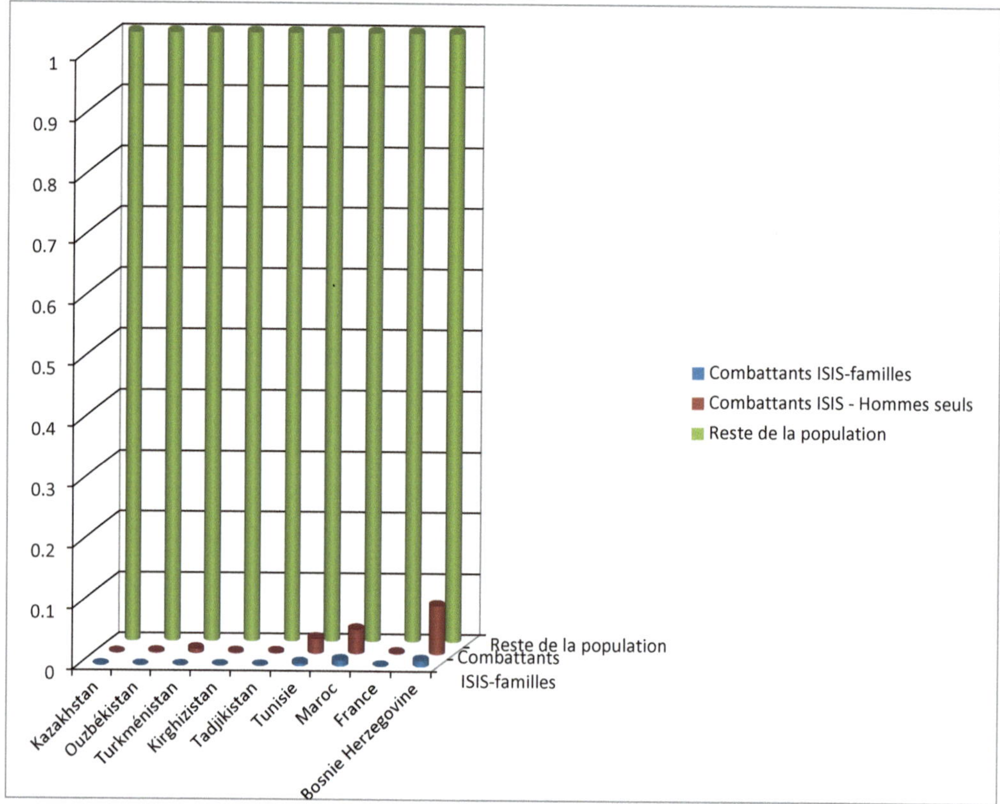

Au Kazakhstan, les volontaires au djihad sont de pratique religieuse salafiste et non hanafi. La Tablighi Jamaat est le groupe recruteur principal sur place[28].

Au Kirghizistan, les volontaires sont souvent des hommes seuls et sans antécédents.

Au Tadjikistan, les volontaires au djihad sont souvent issus du même village, du même clan. Beaucoup ont été tués en Syrie-Irak.

Les volontaires d'Ouzbékistan se dirigent majoritairement vers le front Jabhat Al-Nosra et plus récemment vers l'ex-IMU.

---

[28] Policy Papers, ISIS and its Presumed Expansion into Central Asia, No 19, Juin 2015, Polish institute of international affairs.

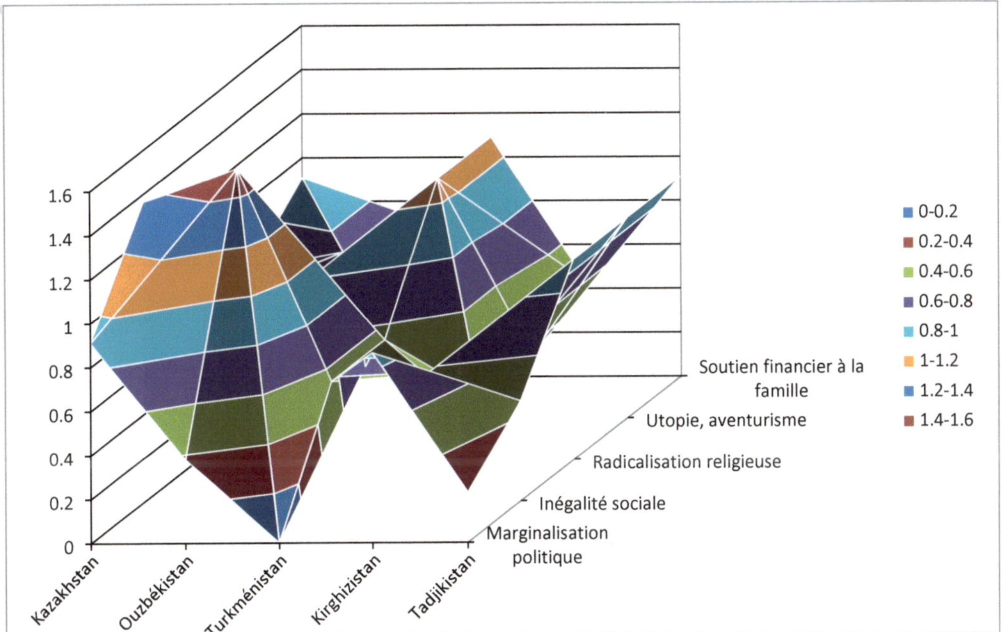

Au Kazakhstan, la radicalisation sur le thème des inégalités sociales s'avère être en partie féminine.

Au Kirghizistan, la radicalisation religieuse se forge sur une utopie d'établissement d'un vrai Etat islamique et sur la répression que subit l'ethnie ouzbek dans le pays.

Le Tadjikistan est très divisé ethniquement (sunnites ouest, chiites est-sud). Le retour des combattants est réprimé par des peines d'emprisonnement très longues.

Au Turkménistan, l'identité clanique et étatique reste solide. Le recrutement se fait auprès de personnes marginalisées dont les liens claniques sont moins forts.

B. ISIS- Khorasan, une base de repli pour les djihadistes de l'Etat islamique en Irak et en Syrie ?

Le Khorasan est un nom venant du persan et signifie « d'où vient le soleil ». Dans le sens de l'interprétation d'ISIS, il renvoie au nom médiéval de l'Afghanistan donné par les afghans eux-mêmes. Il englobait l'Afghanistan, le sud du Turkménistan, de l'Ouzbékistan et du Tadjikistan, ainsi que le nord-est de l'Iran[29].

L'état islamique au Khorasan est une branche de l'Etat islamique en Irak et au Levant (ISIS) qui agit principalement en Afghanistan et au Pakistan mais son aire d'opération s'étend jusqu'au sous-continent indien.

La chute de Mossoul a précipité l'exil en Afghanistan de combattants d'ISIS initialement partis en Syrie et en Irak. Le spectre de la déstabilisation terroriste menace désormais les Etats d'Asie Centrale de part la proximité du foyer djihadiste, la porosité des frontières tadjikes et la mauvaise gouvernance généralisée.

L'Implantation d'ISIS en Afghanistan ne s'est pas faite sans heurts, notamment contre les autres groupes rebelles. La récente recrudescence des attentats indique sa volonté d'exporter la dynamique djihadiste dans le pays. Cependant, des axes de résistances demeurent.

1. Historique et évolution de l'implantation dans la zone AfPak

La proclamation du califat par Abu Bakr al-Baghdadi à Mossoul courant 2014 a entrainé des défections de commandants du Tehrik-i-Taliban Pakistan enregistrées en octobre 2014 suivies de recrutements dans les provinces d'Helmand et Farah en Afghanistan[30] et l'allégeance de l'ex-IMU (Islamic

---

[29] Ses villes célèbres ont été Samarcande, Boukhara, Hérat ; ses célèbres poètes Ansari et Avicenne.
[30] "Islamic State gaining around group in Afghanistan: UN", AFP, 3 octobre 2014.

Movement of Ukbekistan)[31] a accru par la suite l'aura régional du groupe. C'est dès janvier 2015 que le porte-parole d'ISIS Abu Mohammad al-Adnani annonce la reconnaissance des allégeances au califat avec la création de la province du Khorasan (Wilayat Khorasan)[32].

La relative faiblesse militaire des ralliements à ISIS - concernant essentiellement des combattants écartés par leurs dirigeants et des déçus des défaites successives enregistrées par les Talibans à cette époque – explique en partie les échecs subis par l'Etat islamique au Khorasan en Afghanistan face aux Talibans : échec militaire des combattants de l'ex-IMU face aux Talibans dans la région de Zabul en Afghanistan en fin 2015 et perte d'une grande partie du district de Nangarhar et du district de Farah en 2016[33].

La levée des restrictions de bombardement début 2016 a permis la recrudescence des frappes ciblées effectuées par des drones américains[34] comme la célèbre frappe avec « la mère des bombes » dans le district de Nangarhar du 13 avril 2017[35] ; des frappes aériennes américaines qui avaient déjà désorganisées le haut commandement de l'Etat islamique au Khorasan par l'élimination régulière de ses chefs : le transfuge taliban et responsable en chef Hafiz Saeed Khan mort en juillet 2016, son bras droit Abdul Rauf Aliza ayant déjà trouvé la mort en février 2015.

Enfin, à la pression talibane, se sont rajoutées des opérations rivales des forces de sécurité afghanes contre ISIS-Khorasan : une opération des forces spéciales américaines et afghanes dans le district de Nangarhar a conduit à la mort du successeur de Khan, Sheikh Abdul Hasib et à de nombreux commandants de l'Etat islamique[36].

Malgré les revers militaires, de nombreuses poches résistent dans neuf provinces afghanes. De plus, les attentats attribués à l'Etat islamique au Khorasan se sont multipliés depuis 2016 : la logique terroriste supplantant la

---

[31] "IMU declares it is now part of Islamic State", Radio Free Europe/RL, 6 août 2015.
[32] "Wilayat Khurasan: Islamic State consolidates position in Afpak region", Jamestown Foundation, 3 avril 2015.
[33] "Wilayat Khorasan stumbles in Afghanistan", Jamestown Foundation, 3 mars 2016; "The islamic movement of Uzbekistan comes unraveled", Radio Free Europe/RL, 28 novembre 2015.
[34] "Air strikes hit Islamic state in Afghanistan under new rules:US", Reuters, 14 avril 2016.
[35] Une frappe avec une bombe GBU43/B MOAB a eu lieue dans le district de Nangarhar pour détruire un complexe souterrain le 13 avril 2017.
[36] https://www.wsj.com/articles/u-s-military-says-troops-killed-islamic-state-leader-in-afghanistan-1494193425

logique de conquête militaire, le dernier en date celle d'une mosquée chiite à Hérat.

Les pertes territoriales de l'Etat islamique en Irak et en Syrie pourraient changer la donne quant à l'importance de l'Afghanistan pour le groupe terroriste.

Attentats terroristes perpétrés par l'Etat islamique au Khorasan en 2016 et 2017 en Afghanistan et au Pakistan

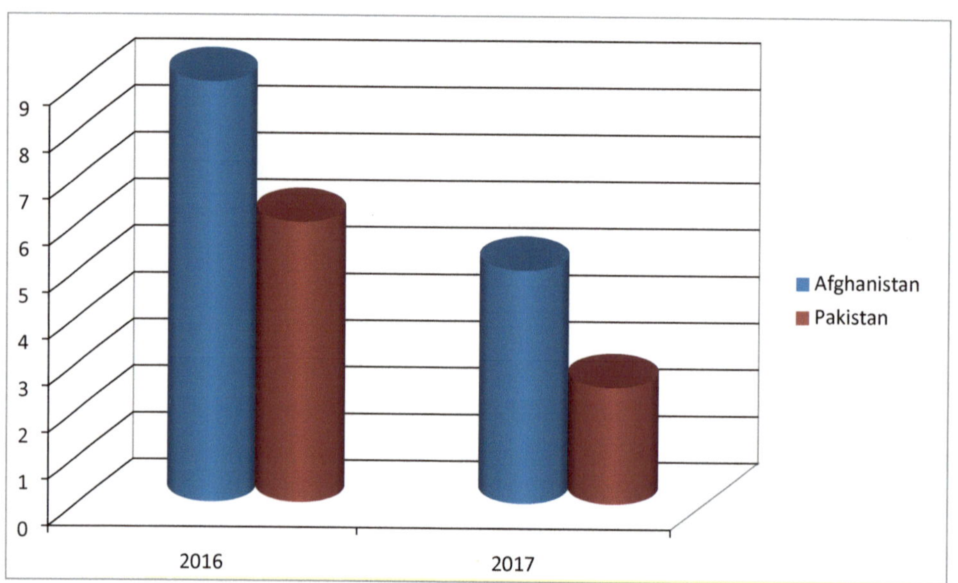

2. La zone AfPak, une source de revenu et de repli pour les djihadistes

La lenteur de la reconnaissance par le gouvernement afghan de la menace de l'Etat islamique a pesé sur son appréciation réelle, et ce d'autant que la politique de lutte contre les Talibans a varié selon les potentialités de négociation[37], La multiplicité des groupes terroristes ou rebelles au Pakistan[38] a joué en la faveur d'une dispersion non contrôlable de l'Etat islamique dans le pays. Avec ses hauts et ses bas, la dilution d'éléments de l'Etat islamique en Afghanistan s'est maintenue depuis 2015, rivalisant avec les Talibans jusqu'au niveau du bourg : Sangin en est un exemple[39].

De plus, l'Afghanistan est devenu une source de revenu pour l'Etat islamique : le trafic d'héroïne fournit au groupe terroriste des millions de dollars[40]. Les trafics d'hydrocarbures exfiltrés de Syrie vers la Turquie réduits au point mort et les ressources issus du racket diminuant dû aux pertes territoriales, le trafic de stupéfiant devient indispensable à la survie de l'Etat islamique. Le territoire restreint contrôlé par l'Etat islamique en Afghanistan limite cependant les routes potentielles d'exportation de l'héroïne et son étude méritera une étude approfondie selon la disponibilité de sources plus fournies.

La tentative de transfert du conflit du Moyen-Orient en Afghanistan est devenue une évidence suite aux attentats contre l'ambassade d'Irak à Kaboul et contre une mosquée chiite à Hérat en juillet 2017 en sont les signes. De nombreux officiels afghans, dont le ministre de la défense afghan le général Dawlat Waziri, ont également alerté sur la présence de milliers de combattants étrangers, potentiellement de pays arabes ayant fui la Syrie, notamment dans le district de Nangarhar, dans les rangs de l'Etat islamique[41]. Les Etats-Unis réfléchiraient à un envoi de troupes supplémentaire pour éviter que certaines zones afghanes deviennent des zones de repli pour l'Etat islamique.

---

[37] Velléités talibanes qui ont pu par endroits pousser certains clans vers L'Etat islamique.

[38] Les adversaires de l'Etat pakistanais sont nombreux: al-Qaeda, réseau Haqqani, Talibans au nord du pays, groupes rebelles du Cachemire et ISIS au Khorasan.

[39] Sangin a été un haut lieu de la résistance âpre des Talibans face aux forces afghanes et étrangères. Désormais ISIS-K est présent dans le village, Independent UK, mars 2015.

[40] Viktor Ivanov, chef du service federal russe de contrôle en matière de stupéfiants fournit le chiffre de 1 milliard qui parait quelque peu surestimé.

[41] Afghan government press , juillet 2017.

Cependant, il est possible que l'annonce de la présence de combattants étrangers ayant fui la Syrie dans les rangs de l'Etat islamique au Khorasan ne soit qu'une opération de propagande, malgré quelques réalités ici et là : en effet, l'attentat récent contre l'ambassade irakienne a été revendiqué par l'Etat islamique identifiant deux des assaillants comme Abu Julaybib al-Kharasani et Abu Talha al-Balkhi, des noms arabes mais d'origine afghane.

3. L'EI-Khorasan, un enjeu régional

La consolidation de l'Etat islamique au Khorasan, utopique ou réelle, est un enjeu pour les pays frontaliers de l'Afghanistan puisqu'elle favorise l'exposition médiatique d'un groupe qui a toujours contenu plusieurs de leurs ressortissants : en effet, l'ex-mouvement islamique d'Ouzbékistan, fort de 1 000 combattants aguerris, délocalisé en Afghanistan avait déclaré son soutien dès 2014 à ISIS et conduisait des opérations dans les pays limitrophes d'Asie Centrale[42]. La volonté d'établir un « Etat Khorasan » réel dans la région deviendra un risque plus prégnant selon la destination que prendront les djihadistes fuyant la Syrie et l'Irak. Les djihadistes partis au Moyen-Orient originaires d'Ouzbékistan ou du Kirghizistan seront réticents à rentrer chez eux car ils risqueraient de faire face à de longues peines d'emprisonnement. Il s'agira d'étudier la stratégie de communication de l'Etat islamique en la matière.

Le népotisme, la corruption, comme la marginalisation politique de certains groupes ethniques (chiites au Tadjikistan ou les ouzbèks au Kirghizistan) fragilisent les bases sociétales des pays en question.

De récentes réformes ont été menées comme celle concernant la police en Ouzbékistan en 2017. L'administration rurale doit être structurée et réformée avec l'aide de programmes conjoints tout en s'appuyant sur les liens claniques pour lutter contre l'émergence d'un terrorisme local.

---

[42] Policy Papers, ISIS and its Presumed Expansion into Central Asia, No 19, Juin 2015, Polish institute of international affairs.

Alors que le terrorisme central asiatique lié à ISIS tendait à se disperser au gré des diasporas fragilisées par un contexte socio-économique défavorable dans leurs pays d'accueil mais ne parvenait pas à s'implanter durablement dans leur région d'origine, la récente émergence de la question d'une base de repli au Khorasan, utopique ou non, dépendra de la coagulation réelle des différents groupes terroristes locaux avec l'ISIS qui pourrait apparaitre comme une menace sérieuse pour la cohésion des Etats d'Asie centrale.

C. Retour des djihadistes en Asie du Sud, le spectre de la guerre civile

Depuis la chute de l'Etat islamique en Irak puis en Syrie en 2017, le retour des djihadistes dans leurs pays d'origine pose question. Mais la mouvance djihadiste ne concerne pas uniquement les anciens membres de l'EI : en Tunisie, dont le contingent de ressortissants au sein de l'EI est important, M. Bhiri, ancien ministre de la justice, réclame en février 2017 l'ouverture d'une enquête judiciaire sur ces ressortissants mobilisés auprès du régime syrien.

En Asie du Sud, et plus particulièrement en Afghanistan et au Tadjikistan par ses ramifications, le redéploiement de l'EI est en effet une menace pour la gouvernance de la région par sa radicalité et sa capacité d'entrainement des autres groupes terroristes. D'autre part, le retour des brigades chiites engagées auprès du régime syrien en Afghanistan et au Tadjikistan plus marginalement, fait présager d'une situation virtuelle de guerre civile.

1. La surenchère des groupes terroristes sunnites

Depuis l'intervention de l'OTAN en Afghanistan en 2001, le conflit s'est structuré autour de la lutte entre le gouvernement soutenu par les forces occidentales et le groupe terroriste des Talibans et ses alliés.

La faiblesse de l'Etat afghan[43] – corruption, rivalité politique et blocage institutionnel - a renforcé la déstabilisation du pays en laissant une large part de la gouvernance effective de régions du pays aux Talibans (ceux-ci contrôleraient 30 à 40 % du pays, notamment les régions rurales). Politiquement, le report des élections législatives afghanes de 2016 en 2018, à nouveau différées au 7 juillet 2018, dû à l'absence de majorité parlementaire pour voter la nouvelle loi électorale, va à l'encontre des attentes d'une classe

---

[43] Le gouvernement réunit une coalition autour du président afghan, pachtoune, et du premier ministre Abdullah Abdullah, tadjik.

moyenne afghane ; économiquement, au-delà du problème endémique du marché de la drogue, l'entropie du pouvoir limite ses capacités d'intervention, qui doit s'appuyer sur les investissements étrangers : la construction d'un chemin de fer entre le port d'Hairatan sur le fleuve Amou-Daria jusqu'à la frontière pakistanaise à Turkhan par un consortium chinois, estimée à 10 milliards de dollars, est considérée comme stratégique pour le développement du pays[44] ; socialement enfin, les Taliban sont bien implantés auprès de la population rurale.

Or, l'effondrement du Califat auto-proclamé de l'Etat islamique en Irak et en Syrie en 2017 poserait désormais la question d'un recalibrage de l'implantation de ses djihadistes en Afghanistan. Certains cadres tchétchènes, tadjiks, maghrébins et français auraient déjà gagné l'Afghanistan en petit nombre.

Electron libre, il cherche à recruter dans les milieux de la classe moyenne afghane plutôt éduquée, et dans les universités plus particulièrement[45]. L'endoctrinement salafiste viserait en effet plus spécifiquement des populations citadines et des cellules d'El-Khorasan seraient en activité dans le sud et l'est du pays. Quoiqu'il en soit, la radicalité de ses actions favorise une surenchère des actes terroristes dans le pays : les attentats se multipliant depuis le début d'année 2018.

---

[44] Voir AFP.
[45] Les Echos, 1er février 2018.

ATTENTATS COMMIS PAR LES TALIBANS ET L EI-KHORASAN ET NOMBRE DE VICTIMES

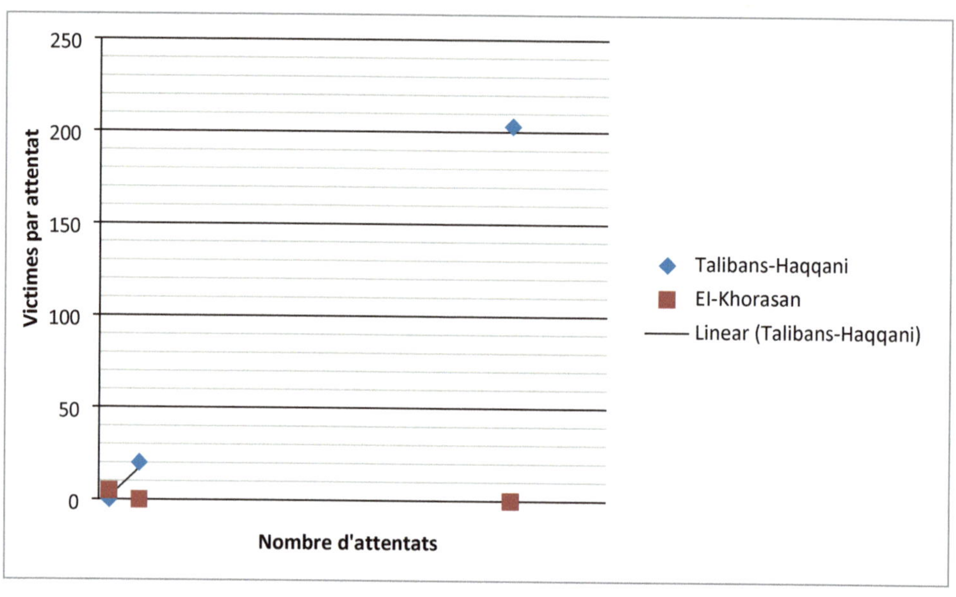

Attentats de janvier 2018 :

- 20 janvier : revendiqué par les talibans. Hôtel intercontinental de Kaboul, 20 morts
- 25 janvier : revendiqué par l'EI-Khorasan. ONG save the children à Jalalabad, 5 morts
- 27 janvier: revendiqué par le réseau Haqqani. Ambulance piégée dans le centre de Kaboul, 203 morts
- 28 janvier : revendiqué par l'EI-Khorasan. Académie militaire de Kaboul, 5 morts

Sur le terrain afghan, opèrent actuellement près de vingt groupes terroristes, affiliés ou non. L'avenir du Haut conseil pour la paix ouvert depuis 2010 pour négocier la paix avec les Talibans déjà largement compromis risque de symboliser l'échec face à la radicalité des actes terroristes. Pourtant, il semblerait que seule une faible minorité (entre 5% et 10%) souhaiterait le retour des Talibans au pouvoir.

Les germes de la guerre civile semblent se profiler entre la surenchère des groupes terroristes sunnites, la lutte avec le gouvernement afghan, la stratégie américaine qui se contenterait du statut quo à défaut d'un meilleur scénario, et le rôle paradoxal du Pakistan soupçonné de soutenir le réseau Haqqani. A cette situation explosive, se rajoutent en outre les djihadistes d'obédience chiite.

2. La menace des djihadistes d'obédience chiite de retour de Syrie

La survie du régime syrien depuis l'éclatement de l'insurrection est largement une conséquence directe de l'intervention russe, mais également de l'intervention indirecte iranienne, par l'envoi de mercenaires notamment. L'implication iranienne rentrait également dans un jeu de rivalité géopolitique entre l'Arabie Saoudite et la République Islamique d'Iran au Moyen-Orient.

Avec le relatif retrait du front de milliers de mercenaires chiites en Syrie suite à l'effondrement de l'Etat Islamique en Syrie et en Irak, ainsi qu'à l'effritement des groupes rebelles sunnites opposés au régime syrien (hors les kurdes), le retour de ces djihadistes se pose désormais. Et parmi eux[46], se trouvent les brigades chiites afghanes, la brigade des Fatimides notamment (combattants chiites hazaras afghans auxquels se joignent des combattants chiites tadjiks) fondée en 2013. Le nombre de djihadistes de ces brigades (Fatimides et Zaynabiyun) atteindrait un total de 15 000 mercenaires, bien plus que les presque 5 000 djihadistes occidentaux (maghreb compris) d'ISIS : l'encadrement iranien de ces mercenaires ayant été cependant nécessaire, dû à l'impréparation de ces troupes, incapables d'enfoncer les lignes de front, et ayant servi longtemps de chair à canon[47].

Il peut être établi un parallèle entre les multiples groupes djihadistes d'un camp ou de l'autre : empreinte idéologique forte, jeunesse et volonté confuse de remise en cause des frontières nationales issues des partages mandataires des années 1920. Utopie contre utopie : nouvelle cité islamique contre unité arabe[48]. Les intérêts politiques de la famille régnante syrienne ont convergé avec les convictions religieuses des chiites mercenaires, basées sur le mandat religieux de défendre les sites sacrés chiites contre les sunnites[49]. Certains experts avancent des motivations pécuniaires ou sociales (obtenir un visa de travail ou un permis de résidence en Iran pour les réfugiés afghans en Iran)[50] mais la présence de vidéos sur les réseaux sociaux montrant les combattants

---

[46] A noter qu'il existe des djihadistes sunnites, minoritaires, qui ont combattu et combattent encore dans les rangs du régime syrien, comme la garde nationaliste arabe par exemple (GNA).

[47] Un commandant de la brigade, Zohair Mojahed, affirme 2000 tués dans ses rangs, AFP, 6 janvier 2018.

[48] Nationalinterest.org, « Shia in Syria », octobre 2016.

[49] C'est à Damas que se trouve le tombeau de la petite fille du prophète Mahomet (Sayyida Zaynab).

[50] Wall street Journal, « Afghans from Iran forced to go to Syria » décembre 2017.

de ces brigades en train de réciter la Fatiha, la première sourate du Coran, corrobore la thèse idéologique des motivations avancées[51]. De plus, l'épisode des dizaines de milliers d'indiens chiites ayant souhaité obtenir des visas pour l'Irak pour défendre Karbala et Najaf lorsque l'Etat islamique s'en rapprochait en 2014 est un autre exemple de la motivation idéologique des mercenaires chiites combattants en Irak-Syrie[52].

MOTIVATIONS DES DJIHADISTES ENGAGES AUPRES DU REGIME SYRIEN

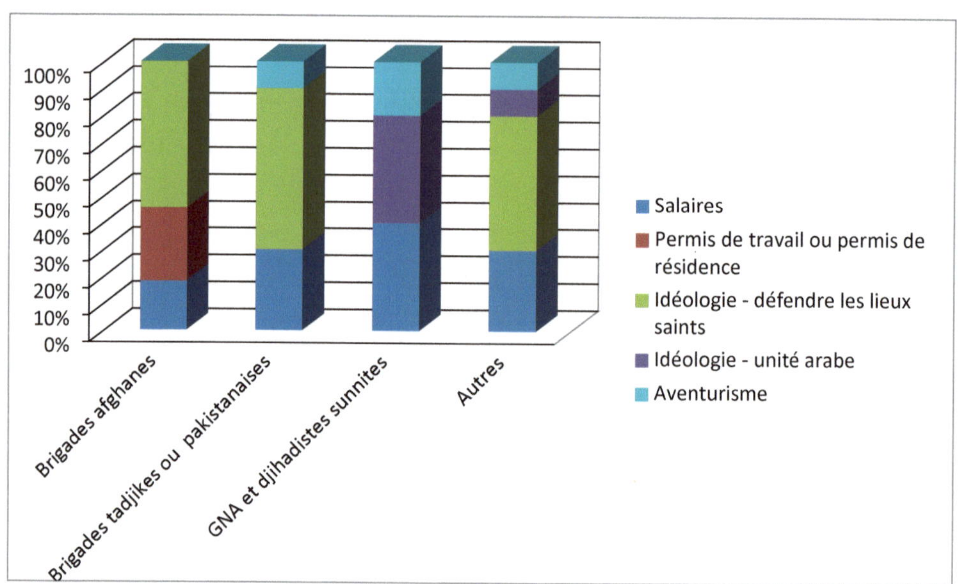

Le prosélytisme iranien en Asie du Sud s'est largement développé, profitant de l'appel d'air de la guerre en Syrie pour le recrutement de mercenaires chiites : de nombreux sites sur internet en langue urdu sont utilisés pour recruter des chiites du Tadjikistan et du Pakistan, volontaires au djihad[53]. L'implantation s'est concrétisée par la construction d'écoles religieuses ouvertes en Asie du Sud depuis 2011 financées par l'Iran, par l'ouverture de bureaux de liaison du Hezbollah au Pakistan et en Afghanistan. Des initiatives populaires dans les villages ont également été organisées - politiques conte le sionisme mais aussi

---

[51] Les salaires offerts dans ces brigades chiites sont inférieurs de 4 fois à ceux offerts par l'Etat Islamique.
[52] Ibtimes.uk, juin 2014.
[53] Telegraph.co.uk, février 2015.

contre le wahhabisme saoudien : ce genre d'initiative a cependant eu plus de succès au Moyen-Orient qu'en Asie du Sud.

Avec le retour dans leur pays des djihadistes chiites (même s'il est probable que le Hezbollah capte une partie des combattants sur ses terrains d'action au Proche-Orient), la question de l'influence iranienne en Afghanistan et au Pakistan devra se poser. La formation de task forces entrainées et endoctrinées déployables dans sa zone d'influence du Liban aux zones de peuplement chiite d'Asie du Sud a fait l'objet de récriminations officielles de la part des Etats-Unis et de pays occidentaux : c'est le sens qu'il faut donner aux paroles prononcées par le ministre des affaires étrangères français, Le Drian[54].

Dans un contexte très difficile (redéploiement de l'Etat islamique-Khorasan, Talibans se radicalisant, attentisme américain et gouvernements afghan et pakistanais minés par leurs incapacités respectives), la rivalité sectaire entre sunnite et chiite, à l'image du Pakistan déchiré dans les années 1980 par les antagonismes religieux, est à craindre[55]. D'autant que malgré le désir de l'Iran de contrôler ses unités de mercenaires une fois celles-ci rentrées dans leurs pays respectifs, il sera difficile pour l'Iran d'empêcher que leurs liens ne se distendent pas.

---

[54] « No to Iran mediterranean axis », Reuteurs, 12 décembre 2017.
[55] Nationalinterest.org, « Shia in Syria », octobre 2016.